AF314027

EL LIBRO
DE LOS
Monumentos
MÁS FAMOSOS

TORRE EIFFEL

Ubicación: París, Francia.

- Fue diseñada por Gustave Eiffel y construida para la Exposición Universal de 1889.

- Tenía que ser desmontada posteriormente, pero al final decidieron conservarla.

- Al principio a la gente le pareció algo horrible.

- Tiene una altura de 324 metros, 1.665 escalones y se mantiene unida gracias a sus 2,5 millones de tornillos.

- Es el cuarto monumento más visitado del mundo.

Taj Mahal

Ubicación: Agra, India.

- Es un monumento funerario construido a orillas del río Yamuna.

- El emperador Sha Jahan lo mandó construir en honor a su querida esposa, Mumtaz Mahal.

- Taj Mahal significa "Palacio de la Corona".

- Se necesitaron 23 años para construirlo (1631-1654) y el trabajo de más de 20.000 obreros.

- Es una de las 7 Maravillas del Mundo Moderno.

Gran Muralla China

Ubicación: Norte de China.

- Se mandó construir en el siglo III a.C. por orden del emperador Qin.

- Su función era la de evitar que los invasores atacasen por el norte.

- Su longitud total es de 21.196 km.

- Tardó unos 2.000 años en construirse, pasando por varias dinastías.

- A diferencia de lo que se suele decir, no puede verse desde el espacio.

- Es una de las 7 Maravillas del Mundo Moderno.

Estatua de la Libertad

Ubicación: Nueva-York, EE. UU.

- Fue un <u>regalo de Francia</u> para conmemorar el centenario de la Declaración de Independencia de los Estados Unidos.

- <u>Representa</u> la libertad frente a la opresión.

- El nombre real de la estatua es La libertad iluminando el mundo.

- Durante algunos años funcionó como faro.

- Su color verdoso se debe a la <u>oxidación</u> del cobre que recubre la estatua.

- Mide 93 metros (incluyendo el pedestal).

ÓPERA DE SÍDNEY

Ubicación: Sydney, Australia.

- Es obra del arquitecto danés Jørn Utzon, cuyo diseño resultó ganador en un concurso en el que se presentaron 233 proyectos de 32 países.

- Tenían previsto gastarse 7 millones de dólares en su construcción, pero finalmente acabó costando 102 millones de dólares australianos.

- Mide 183 metros de largo, unos 120 de largo y 67 metros de altura.

- Fue declarada Patrimonio de la Humanidad por la Unesco en el año 2007.

Monumento a Lincoln

Ubicación: Washington D. C., EE. UU.

- Fue construido para honrar la memoria del presidente Abraham Lincoln.

- En el interior del edificio se encuentra una estatua de Lincoln mirando hacia el monumento a Washington.

- Es uno de los monumentos más visitados de Estados Unidos. Recibe unos 6 millones de turistas cada año.

- Allí, Martin Luther King pronunció su famoso discurso "Yo tengo un sueño".

NOTRE DAME

Ubicación: París, Francia.

- Es una catedral dedicada a la virgen María y uno de los monumentos más famosos de París.

- Notre Dame se traduce como "Nuestra Señora"

- Se encuentra en la Isla de la Cité, en medio del río Sena.

- Victor Hugó situó en Notre Dame a Quasimodo, el personaje jorobado de su novela Nuestra Señora de París.

- Está adornada con gárgolas, que sirven para canalizar el exceso de agua de lluvia.

COLISEO DE ROMA

Ubicación: Roma, Italia.

- En el Coliseo o Anfiteatro los romanos disfrutaban de diferentes espectáculos.
- Originalmente se llamó Anfiteatro Flavio. Pero pasó a llamarse Coliseo por una estatua que había cerca, el Coloso de Nerón.
- Podía albergar a 50.000 personas.
- Fue el más grande del Imperio Romano.
- En 1980 fue declarado Patrimonio de la Humanidad por la UNESCO.
- Es una de las 7 Maravillas del Mundo Moderno.

MONTE SAINT-MICHEL

Localización: Normandía, Francia.

- Es un <u>islote rocoso</u> situado en el noroeste de Francia, en la región de Normandía.

- Según dice la leyenda, el arcángel Miguel visitó en sueños al obispo Aubert de Avranches, ordenándole la construcción de una iglesia allí.

- Fue una prisión durante la Revolución Francesa.

- Es uno de los lugares turísticos más visitados de Francia, por más de 3 millones de turistas al año.

- En 1979 fue declarado Patrimonio Mundial de la Humanidad por la UNESCO.

Pirámides de Guiza

Ubicación: Guiza, Egipto.

- Son las pirámides más conocidas de Egipto.
- Tienen más de 4.000 años de antigüedad.
- Eran templos funerarios. En ellas se enterraban a los faraones para que pudiesen disfrutar de su vida después de la muerte.
- La más grande es la de Keops. Se encuentra situada junto a las de Kefrén y Micerinos.
- Son la prueba de que los antiguos egipcios eran grandes conocedores de las matemáticas y la geometría.

GOLDEN GATE

Ubicación: San Francisco, EE. UU.

- Es <u>el mayor símbolo</u> de San Francisco.

- Antes de ser construido, la gente tenía que cruzar el estrecho en barco.

- Lleva el mismo nombre del estrecho sobre el que está construido.

- En el momento de su construcción fue el puente colgante <u>más largo del mundo</u>.

- Tiene 2,7 km de longitud y 227 metros de altura.

- El puente contiene cable suficiente como para dar tres vueltas a la Tierra.

Cristo Redentor

Ubicación: Río de Janeiro, Brasil.

- También es conocido como Cristo del Corcovado. Se encuentra en la cima del monte Corcovado, en el Parque Nacional de la Tijuca, a 710 metros sobre el nivel del mar.

- Mide 38 metros de altura y pesa 1.145 toneladas.

- <u>Se construyó en Francia</u> y llegó e Brasil en piezas.

- En el año 2007 fue elegido como una de las 7 Maravillas del Mundo Moderno.

Acrópolis de Atenas

Ubicación: Atenas, Grecia.

- Las acrópolis eran recintos que albergaban monumentos importantes y edificios religiosos, entre otros. La más conocida es la de Atenas.

- Contiene 3 templos: el Partenón, el Erecteion y el templo de Atenea Niké.

- "Acrópolis" significa "ciudad alta". Es lógico, debido a que se encontraban en las zonas más elevadas de las ciudades.

- Fue declarada Patrimonio de la Humanidad por la UNESCO en el año 1987.

Chichén Itzá

Ubicación: México.

- Es un <u>complejo de ruinas mayas</u> ubicado en la península de Yucatán.

- Chichén Itzá <u>significa</u> "boca del pozo de los itzaes". Los itzaes fue un pueblo maya que vivió en el Yucatán.

- Su principal construcción es la Pirámide de Kukulcán, también llamada "el Castillo"

- En 1988 toda la zona fue declarada como Patrimonio de la Humanidad por la UNESCO.

- Es una de las 7 Maravillas del Mundo Moderno.

Kremlin

Ubicación: Moscú, Rusia.

- Es la sede del gobierno Ruso. En su interior amurallado se encuentran cuatro palacios y cuatro catedrales.

- Está situado al lado de la Plaza Roja.

- "Kremlin" proviene de la palabra rusa "kreml", que significa "fortaleza" o "ciudad fortificada".

- Su muralla tiene una longitud de unos 2.500 metros y está unida por un total de 20 torres.

- La Torre Spásskaya (torre del reloj) es la más alta y la más vistosa del recinto.

BIG BEN

Ubicación: Londres, Reino Unido.

- **Big Ben** es el nombre que se suele utilizar para referirse a la torre del reloj situada junto al **Palacio de Westminster**. Sin embargo, Big Ben es realmente <u>el nombre de la campana</u> que se encuentra en su interior.

- **Elizabeth Tower** es el nombre real de la torre, en honor a la reina.

- Hasta 2012 su nombre oficial era **Clock Tower**.

- La espectacular torre contiene el reloj de cuatro caras <u>más grande del mundo</u>.

PETRA

Ubicación: Jordania.

- Es una ciudad excavada en las rocas y capital del antiguo reino nabateo.

- Petra proviene del griego y significa "piedra".

- Se la conoce como "la ciudad perdida". Fue abandonada hace siglos, quedando oculta bajo la arena, hasta que el explorador Johann Ludwig Burckhardt la redescubrió en el siglo XIX.

- Ha sido escenario de películas como, por ejemplo, Indiana Jones y la última cruzada.

- Es una de las 7 Maravillas del Mundo Moderno.

Puerta de Brandeburgo

Ubicación: Berlin, Alemania.

- Es una antigua <u>puerta de entrada</u> a Berlín. Existieron un total de doce puertas, y esta es la única que se conserva.

- Aunque antiguamente se encontraba en el límite de la ciudad (al ser una puerta de entrada), actualmente <u>está situada en el centro</u>.

- Hasta 1918 solo podía ser utilizada por miembros de la realeza y por algunas personas privilegiadas.

- Su estilo se inspira en la Acrópolis de Atenas.

TEMPLOS DE ANGKOR

Ubicación: Angkor, Camboya.

- Son antiguos <u>templos de piedra</u> ocultos en medio de la selva.

- Angkor Wat es el más grande de todos y el que mejor conservado está. Es considerado como la <u>mayor construcción religiosa</u> del mundo.

- Este templo aparece en la bandera de Camboya.

- En el <u>complejo arqueológico</u> de Angkor hay alrededor de 1.000 templos.

- En 1992 fueron declarados Patrimonio de la Humanidad por la UNESCO.

SAGRADA FAMILIA

Ubicación: Barcelona, España.

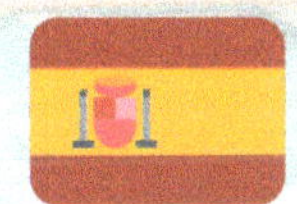

- El Templo Expiatorio de la Sagrada Familia es una basílica católica diseñada por el arquitecto Antoni Gaudí.

- Se inició en 1882, pero hoy en día sigue en construcción.

- Cuando esté finalizado será el edificio más alto de Barcelona y la iglesia cristiana más alta del mundo.

- Fue declarada Patrimonio de la Humanidad por la UNESCO en 2005.

Duomo de Milán

Ubicación: Milán, Italia.

- Es la catedral de Milán.

- "Duomo" es una palabra italiana que significa "catedral".

- Es una de las iglesias católicas más grandes del mundo.

- Se dice que está decorado con unas 3.400 estatuas, 135 gárgolas y otras 700 figuras.

- El punto más alto del edificio es la Madonnina. Es una estatua de cobre dorado que representa a la Virgen.

TORRE DE PISA

Ubicación: Pisa, Italia.

- También conocida como torre inclinada de Pisa. Es la torre campanario del Duomo o catedral de Pisa.

- Su construcción se inició en 1773, y tan solo 5 años después comenzó a inclinarse.

- Tiene 8 pisos de altura y 294 escalones.

- Al principio comenzó a inclinarse hacia el norte. Sin embargo, tras finalizar las obras del campanario, la torre empezó a inclinarse hacia el sur.

Moáis

Ubicación: Isla de Pascua, Chile.

- Son gigantescas **estatuas** de piedra construidas por los nativos de la isla.

- En idioma rapanui (el idioma de los nativos de la Isla de Pascua), "moai" significa "escultura".

- Hay alrededor de 900 moáis en la isla.

- El moái Tukuturi es el más antiguo descubierto.

- Hay varias teorías respecto a su significado, pero la más aceptada defiende que son representaciones destinadas a rendir culto a los ancestros.

MONTE RUSHMORE

Ubicación: Keystone, EE. UU.

- El Monumento Nacional Monte Rushmore es una escultura tallada directamente en la roca de una montaña.
- Representa a los presidentes estadounidenses: George Washington, Thomas Jefferson, Theodore Roosevelt y Abraham Lincoln.
- Los rostros tallados tienen 18 metros de altura.
- Detrás de los rostros de los presidentes existe una cámara secreta acorazada llamada "Sala de Actas" o "Hall of Records".

¡Hasta aquí todo!

Espero que te haya gustado y que hayas aprendido cosas nuevas.

Existen muchos más monumentos y lugares turísticos por descubrir: la Alhambra de Granada, la basílica de Santa Sofía, el Machu Picchu (que es otra de las 7 Maravillas del Mundo Moderno)...

¿Cuántos de estos lugares conocías? ¿Cuáles has visitado? ¿Cuáles te gustaría visitar?

Quiero pedirte un favor para que este libro llegue a más personas, y es que lo valores con una sincera opinión en la plataforma donde lo hayas adquirido.

Con ese pequeño gesto me estarás ayudando a continuar con nuevos proyectos.

¡Estoy deseando empezar a crear mi próximo libro para ti!

Puedes dejar tu reseña directamente aquí. Sólo te llevará unos segundos.

www.bit.ly/MonumentosRe

Gracias de antemano por dedicarme unos segundos de tu tiempo para compartir tu experiencia. ¡Gracias por tu apoyo!

¡Hasta pronto!

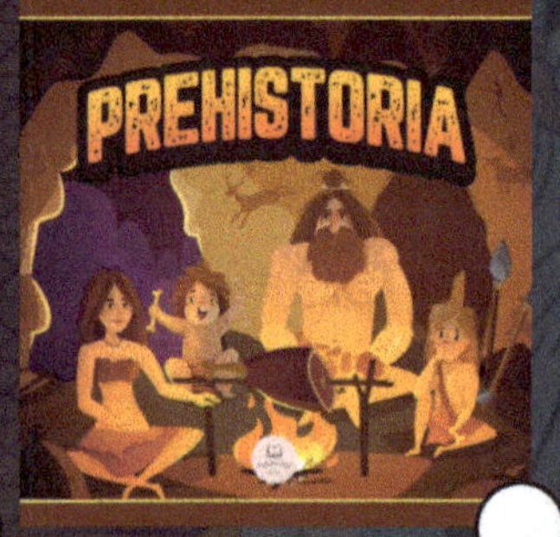

 www.amazon.es/dp/B09P631TNS

 contacto@samueljohnbooks.com

 www.facebook.com/samueljohnbooksES